Rimas, rondas
y canciones

para los pequeños

Infantil

Colección Librería

Libros de todo para todos

Rimas, rondas y canciones

para los pequeños

Selección

Aline Trejo Rivas

EMU *editores mexicanos unidos, s. a.*

EMU

D. R. © Editores Mexicanos Unidos, S. A.
Luis González Obregón 5-B, Col. Centro,
Cuauhtémoc, 06020, D. F.
Tels. 55 21 88 70 al 74
Fax: 55 12 85 16
editmusa@prodigy.net.mx
www.editmusa.com.mx

Coordinación editorial: J. Antonio García Acevedo
Diseño de portada: Arturo Rojas Vázquez
Formación: Jorge Huerta Montes

Miembro de la Cámara Nacional
de la Industria Editorial. Reg. Núm. 115.

1a edición: abril de 2007

ISBN 978-968-15-2291-9

Impreso en México
Printed in Mexico

Rimas

EL SALUDO

Vamos a darnos las manos
nos vamos a saludar,
en la forma que enseguida
le vamos a presentar:
un saludo al apache,
un saludo al capitán,
un saludo elegante,
y un saludo muy formal,
un saludo con los ojos,
un saludo con los pies,
una sonrisita alegre
y una vuelta al revés.

CORTESÍA

Muy temprano al levantarme,
voy contento a saludar,
a decir "muy buenos días"
a mis hermanos y mamá.
"Por favor" es llavecita
que abre puertas sin cesar
cuando pido y cuando quiero
una cosa suplicar.

"Con permiso" digo siempre
al entrar como al salir,
mi mamá me dice siempre
el permiso hay que pedir.
Cuando me hacen un regalo
o recibo algún favor,
"muchas gracias" digo siempre
muchas gracias, siempre doy.

MI NOMBRE

Todos mis amigos me quieren conocer,
por eso mi nombre hoy voy a decir,
yo me llamo _____ para servir a usted,
y tú cómo te llamas, te quiero conocer.

MANITAS DE NIÑO

Manitas de niño
tan blancas, tan suaves,
parecen dos lirios
que en el agua se abren
inquietas se mueven
para saludar;
y mandan contentas
un beso a mamá.

LOS VEINTE RATONES

Arriba y abajo
por los callejones,
pasa ratita
con veinte ratones,
unos sin cola
otros colones,
unos sin patas
otros patones,
arriba y abajo
por los callejones,
pasa ratita
con veinte ratones.

COMO SOLDADITOS

Vamos marchando como soldaditos
y saludamos todos con amor.
Trabajamos con gusto y alegría
todos contentos en el salón.

LA ESTRELLITA

Centella, estrellita
eres muy bonita,
me pareces desde el suelo
un diamante en el cielo.
Centella, estrellita
eres muy bonita.

POR FAVOR

A. L. JÁUREGUI.

El niño bien educado
siempre dice: "por favor";
en la casa, en la calle,
o en cualquier ocasión.

MI CARITA

En mi cara redondita
tengo ojos y nariz.
También tengo una boca
para comer y reír.
Con mis ojos lo veo todo,
con la nariz hago ¡atchisss!
Y con la boca yo como
palomitas de maíz.

VAMOS A LIMPIAR

Vamos, vamos a limpiar,
todos juntos a ayudar,
vamos, vamos a cantar,
todo mundo a disfrutar.

MANITAS

A. L. JÁUREGUI.

Esta manita
es la derecha;
esta otra mano
es mano izquierda.
Volando, volando,
se van a ir, cual mariposas
por el jardín.

LAS DOCE

De una, de dola
de tela canela
zumbaca, tabaca
de vira virón,
cuéntalas bien
que las doce son.

EL CARACOL

Aquel caracol que va por el sol,
en cada ramita llevaba una flor.
Aquel caracol que va por el sol,
en cada ramita llevaba una flor.
Que viva la gracia, que viva el amor,
que viva la gracia de aquel caracol.

AMIGO CARTERO

Qué bonitas son las cartas,
ayer una recibí,
por nuestro amigo el cartero,
que nos sabe bien servir.
Si las cartas que nos llegan,
son de nuestros amigos
demos gracias al cartero
que nos sirve muy feliz.

CAMIÓN DE CARGA

Por la carretera voy,
muy feliz en mi camión,
en las curvas gozo yo,
manejando con precaución,
recogiendo carga voy
muy feliz en mi camión.

LA MAQUINITA

Corre, corre, maquinita,
corre, corre sin cesar,
que en la casa mamacita
ya te quiere ver llegar.
Al regreso de la escuela
un besito me dará,
corre, corre, maquinita,
corre, corre sin cesar.

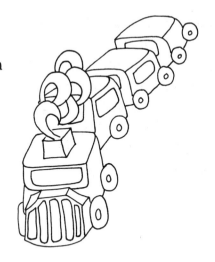

ADIÓS, ADIÓS

A. RIVAS.

Cuando salgo de la escuelita,
me voy siempre a despedir:
adiós, adiós, señorita,
que ya vinieron por mí.
A mis buenos compañeritos
"¡hasta mañana!", digo así.
Adiós, adiós, amiguitos,
mañana nos vemos por aquí.

ESTA ES LA SOMBRILLA

**Hacer movimientos con mímica
de acuerdo con la letra de la rima.**

Ésta es la sombrilla,
ésta es una silla,
éste es el martillo
y éste es el anillo
Ésta es la sierrita
y éste es el balón
y ésta es la colita
que mueve el ratón.

ADIÓS

¡Adiós, hasta mañana!
el trabajo terminó,
voy a casa muy contento,
a comer y a jugar;
descansar también es sano,
para un niño como yo,
pero antes la tarea,
para aprender y ser mejor.

EL GUSANO MEDIDOR

BERTHA VON GLÛMER.

Para iniciar la clase de medición.

Por la mesa despacito
va un gusano medidor.
Gusanito ¿llevas cuenta
de lo que has medido hoy?
¿Cuántos pasos has contado
al subir del piso aquí?
¿Has medido bien mi silla
y la barda del jardín?
Mide bien esta mesita,
gusanito medidor,
los pasitos que tú des
los iré contando yo.

SALUDO

A. L. JÁUREGUI.

Cuando llego a mi salón
con todo mi corazón,
le digo a mi señorita:
"muy feliz día tenga hoy".
A mis buenos compañeros
los voy luego a saludar,
y después, ya muy contento,
me voy pronto a mi lugar.

UNA CESTITA DE FLORES

En cestita de bejucos
que hemos hecho para ti,
te ofrecemos las más bellas
flores frescas del jardín.
Cada flor es una frase
de cariño y de alegría,
mamacita… ¡son regalo!,
de tus hijos, ¡en tu día!

LA CASA

La plaza tiene una casa,
la casa tiene un balcón,
el balcón tiene una dama,
la dama una blanca flor.

EL BAÑO

El baño se debe tomar todo el año:
primavera, otoño, invierno y verano,
porque si te bañas, estás fuerte y sano,
limpias las orejas, cuello, pies y manos.

EL ESPEJO

Si me miro en el espejo
me divierto mucho así,
pues el niño que allí veo
se parece mucho a mí.
Yo le llamo mi gemelo
porque somos él y yo
en todo muy parecidos,
guapos y limpios los dos.
El gemelo del espejo
es tan alto como yo,
si yo río, él se ríe,
si yo lo saludo, él también,
si yo muevo los pies y las manos,
él mueve manos y pies.

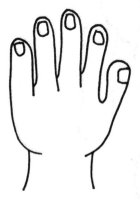

UÑAS LIMPIAS

A. L. JÁUREGUI.

Esas uñitas
de tus manitas,
siempre muy limpias
deben estar.
Mas si eres niña
muy precavida,
muy cortaditas
las dejarás.

LOS NÚMEROS

1, 2, 3, 4, 5, 6, 7, 8, 9 y 10
1, 2, 3, 4, 5 y 5 suman 10.
Diez dedos tengo en las manos,
ahora los voy a contar,
ayúdame tú con tus manos
y así aprenderás a contar.
1, 2, 3, 4, 5, 6, 7, 8, 9 y 10
1, 2, 3, 4, 5 y 5 suman 10.
Si aprendes todos los números
podrás sumar y restar,
hacer divisiones y multiplicar,
ahora te voy a enseñar.

EL MOLINITO

Con los puños bien cerrados
vamos todos a formar
un gracioso molinito
que el buen viento moverá.
Este molinito al viento
muy prontito va a girar,
diez veces para adelante
y diez veces para atrás:
uno, dos, tres, cuatro, cinco,
seis, siete, ocho, nueve, diez;
diez, nueve, ocho, siete, seis,
cinco, cuatro, tres, dos, uno.

R

Erre con erre, carrito;
erre con erre, barril.
Erre con erre, perrito,
erre con erre, carril.

EL SAPITO

Nadie sabe dónde vive,
nadie en la casa lo vio,
pero todos escuchamos al sapito
glo, glo, glo, glo.
¿Vivirá en la chimenea?
¿Dónde el pillo se escondió?
¿Dónde canta cuando llueve?,
el sapito glo, glo, glo.

EL GATO

En un café se rifa un gato,
al que le toque el cuatro
uno, dos, tres y cuatro.

RENATO

En la casa de Renato
todos cuentan hasta cuatro
uno, dos, tres y cuatro.

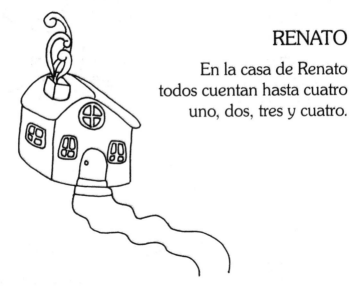

PARA SABER EN QUÉ MANO HAY ALGO

China, china capuchina.
En esta mano está la china.

EL GATO MARAGATO

El gato maragato
tenía un cascabel,
los ratones le oían
y echaban a correr.
Los perros le ladraban,
las perras también.
Los conejos le chillaban,
las ovejas le hacían beee.
El cerdo le gruñía
y muu la ternerita
corría detrás de él.
El gato maragato
tenía un cascabel.

AL PASAR POR UNA IGLESIA

Rima para sorteos.

Al pasar por una iglesia
un curita me llamó,
y me dijo que contara
hasta veintidós.

EN LA CIUDAD DE PAMPLONA HAY UNA PLAZA.

En la ciudad de Pamplona hay una plaza,
en la plaza hay una esquina,
en la esquina hay una casa,
en la casa hay una pieza,
en la pieza hay una cama,
en la cama hay una estera,
en la estera hay una vara,
en la vara hay una lora,
en la lora hay una vara,
la vara en la estera,
la estera en la cama,
la cama en la pieza,
la pieza en la casa,
la casa en la esquina,
la esquina en la plaza,
la plaza en la ciudad de Pamplona.

¡TIC-TAC!

BERTA VON GLÜMER.

**El reloj se pone a la hora que se desee
para que suene y se pruebe su precisión.**

¡Tic-tac, tic-tac, tic-tac, tic-tac!
Sin correr, sin atrasar,
siempre fiel y siempre igual
el reloj, que marca el tiempo,
nos repite su tic, tac.
¡Los minutos van pasando
para no volver jamás!
¡Tic-tac, tic-tac, tic-tac, tic-tac!
No regaña, nunca engaña;
es amigo verdadero
que nos dice en su tic-tac:
"Mi niñito sé puntual",
¡sé puntual!, ¡sé puntual!
A la hora señalada
a tu escuela has de llegar.
¡Tic-tac, tic-tac, tic-tac, tic-tac!
Hay un tiempo para todo,
de jugar, de trabajar,
de comer, de descansar…
"Mi niñito sé puntual",
¡sé puntual!, ¡sé puntual!
Para todo lo que hagas
¡sé puntual!, ¡sé puntual!

BARQUITO DE PAPEL

AMADO NERVO.

Con la mitad de un periódico
hice un barco de papel
y en la fuente de mi casa
le hice navegar muy bien.
Mi hermana con su abanico
sopla y sopla sobre él;
¡buen viaje, muy buen viaje,
barquichuelo de papel!

LÁVATE LAS MANOS, NIÑO

Lávate las manos, niño,
lávate las manos bien,
¡qué bonitas!, ¡qué bonitas!
¡Como rosas se te ven!
Lávate los dientes, niño,
lávate los dientes bien,
¡qué bonitos!, ¡qué bonitos!
¡Como perlas se te ven!
Péinate el cabello, niño,
péinate el cabello bien,
¡qué bonito!, ¡qué bonito!
¡Como seda se te ve!

LA EDAD FELIZ

A. L. JÁUREGUI.

Yo debo jugar,
reir y saltar,
que para todo eso,
estoy en la edad.

LOS DÍAS DE CADA MES

Treinta días trae septiembre,
abril, junio y noviembre;
los demás traen treinta y uno
exceptuando claro, a uno.
Pues veintiocho trae febrero
y aunque es esto verdadero,
en bisiesto trae veintinueve.

APRENDIENDO A CONTAR

Toco la una
con cuernos de la luna,
toco las dos
diciéndote adiós,
toco las tres
tomando jerez,
toco las cuatro
con un garabato,

toco las cinco
saltando de un brinco,
toco las seis
así como ves,
toco las siete
con gusto y con brete,
toco las ocho
con un palo mocho,
toco las nueve
con bolas de nieve,
toco las diez
con granos de mies,
toco las once
que suenan a bronce,
toco las doce
y nadie me tose.

EL JAROCHO

Para ubicar el estado de Veracruz en un mapa.

Jarocho soy, señores,
que ahora acabo de llegar,
de la tierra de las flores,
yo les traigo este cantar,
con trino de ruiseñores
y con arrullos de mar.

MICHOACÁN

Para ubicar el estado de Michoacán en un mapa.

Vengo del Alto, señores,
de la tierra michoacana,
les vengo entonando sones,
al compás de mi jarana.

LAS OLAS

VICENTE GUERRA.

Una, dos y tres
yo salto las olas
con un solo pie.
El sol por las tardes
ya no es amarillo,
reluce brillante
como un gran anillo.
El mar con las olas
le invita a jugar
y el poquito a poco
se esconde en el mar.
Lo buscan las olas
ya se van, ya vienen,
la brisa en el juego
también se entretiene;
yo sigo en la orilla
y juego también,
saltando las olas
en un solo pie.

PINOCHO

Rima para sorteos.

En la casa de Pinocho
sólo cuentan hasta ocho.
Pin uno, pin dos, pin tres, pin cuatro,
pin cinco, pin seis, pin siete y pin ocho.

ZAPATITO BLANCO

Rima para sorteos.

**A quien le toque dice sus años, éstos
se cuentan para eliminar a un jugador.**

Zapatito blanco, zapatito azul,
dime cuántos años tienes tú.
En la calle veinticuatro
una vieja mató a un gato,
con la punta del zapato;
el zapato se rompió
y la vieja se asustó,
tú serás primero,
sácate viejo chambón.

EL COLEGIO DEL FONDO DEL MAR

Hay un colegio
en el fondo del mar
y allí los bonitos
bajan a estudiar.
Y el que más escribe
es el calamar
y el que menos sabe
ya sabe la "a".
A dar la lección
"pez espada" va,
lleva su puntero
para señalar.
Con olas y bancas
el norte del mar,
y limita al Este
con playas sin par.
Pupitre de perlas,
bancos de coral,
encerado verde
y tiza de sal.
Muchos pececitos
ríen al sumar.
Y el buzo a los peces
bajaba a asustar,
con su cara blanca
dentro de un cristal.

RONDAS

**Los niños deben tomarse
de las manos y formar un círculo.**

Que nuestras manos se unan
para la ronda formar,
manos de todos los niños
del campo y la ciudad,
manos de trabajadores
que la fuerza nos darán
y la de los campesinos
que traen aliento de paz.
Que nuestras manos se unan
para la ronda formar,
manos de todos los niños
que al unirse formarán
bella ronda de ternura
que nadie despreciará.

COLORITO

Para escoger quién iniciará el juego.

Pito, pito, colorito.
¿Dónde vas tú tan bonito?
A la acera verdadera...
¡Pin, pon, fuera!

GALLINITA CIEGA

**Se le vendan los ojos a un niño y al
que alcance continúa con el juego.**

Gallinita ciega, ¿qué se te ha perdido?
Una aguja y un dedal.
Pues da tres vueltas y lo encontrarás.
Una, dos y tres y la de revés.

Rondas

MI TÍO JUANCHO

**En círculo giran y cantan imitando
cada vez a un animal de la granja.**

Mi tío Juancho tiene una granja,
ia, ia, oh,
Mi tío Juancho tiene una granja,
ia, ia, oh.
Y en la granja hay… *un perro…*
y el perro hace… *¡guau!, ¡guau!, ¡guau!*

EL CONEJO SALTARÍN

**Cantar y saltar hacia
donde indica la ronda.**

Yo soy un conejo saltarín,
quiero saltar mucho
como un chapulín,
salto hacia delante
y salto para atrás,
salto para un lado
y salto más y más.

ENTREMOS AL SALÓN

Marcha.

La, la, la, entremos al salón,
la, la, la, contentos a marchar,
la, la, la, entremos a cantar.
Tomados de la mano
una rueda hay que formar,
la, la, la, el ritmo hay que llevar
con los pies y las manos también,
lala, lala, lala, palmadas hay que dar
y luego hay que sonar los pies.

RONDA DE PAZ

**Formar un círculo entre los niños
e ir girando mientras se canta la ronda.**

Una ronda de amor y ternura,
compañero, te invito a formar
y yo sé que al unir nuestras manos
nuestras almas también se unirán.
Si los niños del mundo pudieran
una ronda muy grande formar,
sus manitas unidas con fuerza,
nos darán la ternura y la paz.

EL JUEGO DE MILANO

Un niño dirige el juego y otro es Milano, quien finge dormir, los demás en hilera, desfilan y cantan. Al término de la tercera estrofa, el que dirige pregunta: "¿Milano está muerto o sano?", el último de la fila toca la frente de Milano y contesta sucesivamente: "tiene catarro", "Milano está muerto". A cada respuesta regresa a su lugar y vuelven a jugar; al decir "está muerto" todos corren y a quien Milano alcance ocupa su lugar.

Vamos a la huerta
de toro toronjil,
a ver a Milano
comiendo perejil.
Milano no está aquí,
está en su vergel
abriendo una rosa
y cerrando un clavel.
Mariquita, la de atrás,
que vaya a ver
si vive o si muere,
sino para correr.

EL MUÑECO

J. L. CONDE CAVEDA Y V. VICIANA GARÓFANO.

Situar un muñeco de guante, como lo indica la canción, para ubicar las partes de la cara.

Enfrente de mi cara,
está el muñeco "pa",
bailando muy contento
pa, pa, pa, pa, pa, pa.
Al lado de mi oreja,
está el muñeco "pe",
diciéndome bajito:
pe, pe, pe, pe, pe, pe.
Detrás de mi cabeza,
está el muñeco "pi",
jugando con mi pelo,
pi, pi, pi, pi, pi, pi.
Delante de mis ojos,
está el muñeco "po",
cantándome contento:
po, po, po, po, po, po.
Encima de mis cejas,
está el muñeco "pu",
bajando poco a poco,
pu, pu, pu, pu, pu, pu.

RUEDA REDONDA

**Formar un círculo entre todos los niños.
Hacer lo que dice la ronda.**

Rueda, rueda, rueda redonda,
todos juntos vamos a formar;
rueda, rueda, rueda redonda,
todos juntos vamos a *bailar.*
Brincar, palmear, aplaudir.

SACO UNA MANITA

**Hacer con las manos los movimientos
que indica la ronda.**

Saco una manita
y la hago bailar,
la cierro y la abro
y la vuelvo a entrar.
Saco la otra manita
y la hago bailar,
la cierro y la abro
y la vuelvo a entrar.
Saco las dos manitas
y las hago bailar,
las cierro y las abro
y las vuelvo a entrar.
¿Dónde están las manitas? ¡Aquí!
A guardar, a guardar, a guardar
cada cosa en su lugar.
Sin romper, sin romper,
que mañana hay que volver.

MI PRIMO GERMÁN

Cada vez que se canta se da diferente orden.

CORO: Amo a mi primo, mi primo vecino,
        amo a mi primo, mi primo Germán.
            (Cantar dos veces.)

REY: Alto a la música.
CORO: ¿Qué pasa?
REY: Que el rey Cucuruchá ordena que se ordene…
CORO: ¿Y qué ordena que se ordene?
REY: *Que caminen como patos.*

VAMOS A LA ALBERCA

Nos vamos a la alberca,
chiribín, chiribín, chirí, chin.
Nos vamos a la alberca,
nos vamos a bañar.
Ajajá, ajajá, nos vamos a bañar.
Y luego de bañarnos,
chiribín, chiribín, chirí, chin,
y luego de bañarnos,
nos vamos a secar.
Y luego de secarnos nos vamos a….
(jugar, comer, dormir, etcétera.)

EL JUEGO DEL CALENTAMIENTO

En círculo, niños y niñas cantan y agitan las manos y los pies, de acuerdo con la letra de la ronda.

Éste es el juego del calentamiento,
hay que tener fuerza y movimiento.
Jinete a la carga, una mano,
otra mano, un pie, otro pie, la cabeza…

LAS POSTURAS

J. L. CONDE CAVEDA Y V. VICIANA GARÓFANO.

Hacer los movimientos que indica la ronda para desarrollar el control y ajuste postural.

Me siento en el suelo
con piernas estiradas.
Me siento en el suelo
con las piernas flexionadas
Me tumbo hacia abajo,
me levanto hacia arriba,
me tumbo de costado
y luego hacia el otro lado.
Estoy de rodillas,
adelanto una pierna,
me pongo de rodillas
y me cambio a la otra pierna.
Me siento en el suelo
con piernas elevadas,
me empujo con las manos
y ya soy la noria humana.
De pie yo me pongo,
como un ave flamenco
me pongo de puntillas,
hago un giro de ballet.
En pie, de puntillas,
sobre un pie me apoyo,
muevo todo el cuerpo
y no puedo estar quieto.

CON TODOS MIS AMIGOS

**Hacer movimientos con mímica
de acuerdo con la letra de la ronda.**

Con todos mis amigos
haremos una ronda,
que me da mucha risa
porque está muy redonda,
doy una vuelta,
me quedo en mi lugar,
aplaudo con las manos
y vuelvo a empezar;
golpeo con los pies,
empiezo a brincar.
(A correr, a gatear, etcétera.)

A CORRER

Los niños giran en círculo y alternan acciones, a correr de cojito, a marchar, brincar de conejo, etcétera.

A correr, a correr,
vamos todos a correr
de puntitas, de puntitas,
vamos todos de puntitas,
de talones, de talones,
vamos todos de talones.

CONGA CONGA

Se canta bailando y se ejecutan los movimientos que se indican.

Conga, conga, conga
que viva la milonga.
Eo, eo, eo, que viva el meneo,
ia, ia, ia, que viva la alegría.
Un dedé,
otro dedé,
un rodillé,
otro rodillé,
arriba, messie, arriba messie.

ABRAZOS

**Los niños, en círculo, cantan y giran,
al decir "el que no se abrace" deben
abrazar a un compañero; el que quede solo pierde.**

Por aquella sierra
vienen bajando
cuatro palomitas
y un viejo arreando.
Se queman, se queman,
las calabazas;
el que no se abrace,
se queda de guaje.

JUAN PIRULERO

**Cada vez que se canta se hace
el movimiento de tocar un instrumento musical.**

Éste es el juego
de Juan Pirulero
que cada quien
atienda su juego.

MI MANO

J. L. CONDE CAVEDA Y V. VICIANA GARÓFANO.

**Los niños cantan en círculo; con
mímica hacen lo que indica la ronda.**

Había una mano muy triste,
con sus cinco dedos solitarios,
de pronto encontró la otra mano,
los dedos contentos se besaron.
Cada dedo con su pareja,
los diez dedos juntos se abrazaron.
Y con unas alas frondosas,
nació una linda mariposa.
Volando le dio mucha sed,
fue en busca de un charco a beber.
Y mientras el agua bebía,
en un pez azul se convertía.
Y este pez chapoteando,
dio un salto y se trasformó en sapo.
Y el sapo que estaba encantado,
de príncipe azul lo han encontrado.

SOY COJO DE UN PIE

**Se canta tres veces, en círculo, brincando
en un pie; continua el niño en el que se detiene la ronda.**

Soy cojo del pie,
tengo manca una mano,
tengo un ojo tuerto
y el otro apagado.
Soy cojo de un pie
y no puedo andar,
sólo al verte
suelo no cojear.

SALE EL TRENECITO

**Se juega en fila, cada vez nombran a
un niño para que se incorpore a la fila.**

Sale el trenecito y corre por el campo,
llega y para frente a la estación.
Alí, aló, que suba al pasajero.
Alí, aló, *Juanito* ya subió.

UNA LIMOSNA

Cada línea se canta dos veces.
Un niño al centro de la ronda con
los ojos vendados atrapa al que sigue.

Una limosna para este lindo juego
que divertirá a niños
para el año nuevo.

SAN SERAFÍN DEL MONTE

Se forman parejas y se entrelazan los
brazos, al cantar giran a la derecha y
a la izquierda y hacen los movimientos que
dice la ronda.

Coro
San Serafín del monte,
San Serafín cordero.
Yo como buen cristiano me hincaré.
Coro
Yo como buen cristiano me pararé.
Coro
Yo como buen cristiano me reiré,
me reiré, me reiré.

LA GOMA HUMANA

J. L. CONDE CAVEDA Y V. VICIANA GARÓFANO.

**Imitar con actitud postural lo que indica la letra de la ronda
para el desarrollo de las dimensiones de los cuerpos en el
espacio y la relación de los objetos con él.**

Grande, mediano,
pequeño, chiquitín.
Alto, bajito,
enano y pequeñín.
Ancho, estrecho,
finillo, gordinflón.
Largo, cortito,
como una goma soy.

PASEN, PASEN, CABALLEROS

Dos niños forman un arco con sus brazos, por debajo pasa la hilera de niños, el primero es el rey seguido de sus hijos, el último es el conde que es separado al pasar por el arco. Uno de estos niños es melón y el otro sandía, al detenerlo le preguntan con quién se quiere ir y se coloca detrás del que escogió, continúa el juego hasta que se forman dos equipos.

Pase, pasen, caballeros
que dice el rey
que ha de pasar,
que pase el rey
que ha de pasar,
y el hijo del conde
se ha de quedar,
y el que se quede
se ha de quedar,
encerradito
en este costal.
Que pase el rey
que ha de pasar,
que el hijo del conde
se ha de quedar.

AMO A TO

En dos filas los participantes se colocan de frente, avanzan y retroceden cantando en forma dialogada. Luego se unen las filas y un niño se pone en medio. Así van cambiando nombre y oficios hasta que al niño que está en medio del círculo le guste el oficio que mencionan los demás.

Amo a to
matarile, rile, ron.
—Qué quiere usted, matarile, rile, ron.
—Yo quiero un paje, matarile, rile, ron.
—Escoja usted, matarile, rile, ron.
—Yo escojo a Rosa, matarile, rile, ron.
Matarile, rile, matarile, rile, ron.
—Qué oficio le pondremos,
matarile, rile, ron.
—Le pondremos secretaria,
matarile, rile, ron.
—Ese oficio no le gusta, matarile, rile, ron.
—Le pondremos…
—Le pondremos rey de los juguetes, matarile, rile, ron.
Que se meta a la cazuela para hacerla chicharrón,
a las doce de la noche comeremos chicharrón,
a las doce de la noche nos daremos un sentón.

EL RAP DE LA CLASE

J. L. CONDE CAVEDA Y V. VICIANA GARÓFANO.

Para tomar un descanso a media sesión.

**Hacer los movimientos que se
indican mientras se cantan.**

(Se mueve el cuerpo con rapidez.)
Yo voy por la clase
y me muevo intranquilo,
porque dice el profe
que soy nerviosillo.

(Moverse muy, muy lento.)
Yo voy por la clase
despacio y tranquilo,
porque dice el profe
que soy calladito.

(Dar saltos rápidos.)
Yo voy por la clase
saltando en dos pies,
parezco un canguro
llevando un bebé.

(Sentarse y recostarse sobre el mesabanco.)
Me siento en mi banca
y cuento hasta cuatro,
pensando en ovejas
que van dando saltos.

(Encogerse y estirarse.)
Yo voy por la clase
como un caracol,
me encojo despacio
y me estiro hacia el sol.

(Estirarse lo más posible.)
Estoy muy cansado
de tanto estudiar,
estiro mi cuerpo
como un tallarín.

(Bostezar y estirar los brazos para relajarse.)
Bostezo a menudo
y levanto los brazos,
respiro profundo
y ya estoy relajado.

DON PIRULÍ

**Los niños en círculo giran la ronda cantando
y hacen los movimientos que se indican.**

Don pirulí,
a la buena, buena, buena,
así, así, así.
Así las lavanderas,
así, así, así,
así me gusta más.
Don pirulí,
a la buena, buena, buena,
así, así, así.
Así las costureras,
así, así, así,
así me gusta a mí.
Don pirulí,
a la buena, buena, buena,
así, así, así.
Así los carpinteros, así, así, así
así me gusta a mí.

MAMBRÚ

**Tomados de la mano en círculo
giran a la derecha y a la izquierda cantando.**

Mambrú se fue a la guerra,
qué dolor, qué dolor, qué pena.
Mambrú se fue a la guerra
y no sé cuándo vendrá.
Do re mi, do re fa,
no sé cuándo vendrá.
Vendrá para la pascua,
ojalá, ojalá que vuelva,
vendrá para la pascua
o para Navidad.
Do re mi, do re fa,
o para Navidad.
(Se repite dos veces.)

HOCKEY POCKEY

Hacer los movimientos que indica la letra de la ronda.

Agita una mano, ahora un pie,
agita la otra mano, agita ahora el otro pie,
bailemos hockey pockey, giremos una vez,
volvamos a empezar.
Agita una mano… y ahora vamos a bailar.
Agita la cabeza, agita la cintura,
agita las rodillas y movamos la naríz,
bailemos hockey pockey y giremos en un twist,
volvamos a empezar.
Agita la cabeza… y ahora vamos a bailar.
Movemos los ojitos, luego los cachetes,
también los hombros mueve y las
pompas como ves,
bailemos hockey pockey y giremos una vez,
volvamos a empezar.
Movemos los ojitos… y amigos ya llegó el final.

CHUCHUGUA

Manos al frente.
Chuchugua, chuchugua, chuchugua, gua, gua.
(se repite dos veces.)
Manos al frente, pulgares arriba.
Chuchugua, chuchugua, chuchugua, gua, gua.
(se repite dos veces.)
Manos al frente, pulgares arriba, codos atrás.
Chuchugua, chuchugua, chuchugua, gua, gua.
(se repite dos veces.)
Manos al frente, pulgares arriba,
codos atrás, cabeza de olmeca.
Chuchugua, chuchugua, chuchugua, gua, gua.
(se repite dos veces.)
Manos al frente, pulgares arriba, codos atrás,
cabeza de olmeca, estatura de enano.
Chuchugua, chuchugua, chuchugua, gua, gua.
(se repite dos veces.)
Manos al frente, pulgares arriba, codos atrás,
cabeza de olmeca, estatura de enano,
pies de pingüino.
Chuchugua, chuchugua, chuchugua, gua, gua.
(se repite dos veces.)
Manos al frente, pulgares arriba, codos atrás,
cabeza de olmeca, estatura de enano,
pies de pingüino, cola de pato.
Chuchugua, chuchugua, chuchugua, gua, gua.
(se repite dos veces.)

Manos al frente, pulgares arriba, codos atrás,
cabeza de olmeca, estatura de enano, pies
de pingüino, cola de pato, nariz de conejo.
Chuchugua, chuchugua, chuchugua, gua, gua.
(se repite dos veces.)

Canciones

PATITO COLOR DE CAFÉ

Patito, patito,
color de café,
si tú no me quieres,
¿pues luego de qué?
Ya no me presumas,
al cabo yo sé
que tú eres un pato
color de café.
Me dijo que sí
y al rato que no,
que yo era un patito
como todos son.
La pata voló
y el pato también,
y allá en la laguna
se vieron después.

LA BATALLA DEL CALENTAMIENTO

En la batalla del calentamiento
habrá que ver, la orden del sargento.
Jinetes, a la carga:
con una mano.
En la batalla del calentamiento
habrá que ver, la orden del sargento.
Jinetes, a la carga:
con una mano, con la otra.
con el pie,
con el otro,
con la cabeza.

EL SEÑOR RELOJ

Se calzó las botas el señor reloj,
se calzó las botas para andar mejor,
las doce y la una, la una y las dos,
redondo es el mundo del señor reloj.
(Se canta dos veces.)

CON LOS BRAZOS

J. L. CONDE CAVEDA Y V. VICIANA GARÓFANO.

Con los brazos levantados
se encontraron mis hermanos.
Con las palmas de las manos
muy contentos dan aplausos.
Con los brazos hacia abajo
se encontraron mis hermanos.
Se besaron uno a uno,
y más tarde se abrazaron.
Con los brazos levantados
se encontraron mis hermanos.
Cordial y anular,
meñique, índice y pulgar.

COMO SOLDADITOS

Marcha.

Vamos marchando como soldaditos
y saludamos todos con amor,
trabajamos con gusto y alegría
todos contentos en el salón.

YO TENGO UN GATITO

ANTONIO SALGADO.

Yo tengo un gatito
parram, pam, pam;
es muy chiquito
perrem, pem, pem.
Se come su bofe,
pirrim, pim, pim,
se sube a la cama
porrom, pom, pom.
¡Y ahí ronronea!
¡Purrum, pum, pum!

DOS OJITOS TENGO

Dos ojitos tengo que saben mirar,
una naricita para respirar,
una boquita que sabe cantar,
y dos manecitas que así aplaudirán:
tan, tan, tan, tara ran, tan, tan.
(Cuatro veces.)

Dos orejitas que saben oír y dos
piecitos que bailan así:
tan, tan, tan, tara ran, tan, tan.
(Cuatro veces.)

SALUDAR LAS MANOS

Saludar las manos compañeros,
saludar las manos,
las manos saludar.
Saludar los hombros compañeros,
saludar los hombros,
los hombros saludar.
Saludar rodillas compañeros,
saludar rodillas,
rodillas saludar.
Saludar los pies compañeros,
saludar los pies,
los pies saludar.
Saludar las manos compañeros,
saludar las manos,
las manos saludar.

LA CASITA

Yo tengo una casita que es así y así,
que cuando sale el humo sale así y así,
que cuando quiero entrar yo golpeo así y así,
me limpio los zapatos así, así y así.

BAÑO DE REGADERA

Qué bonito juegan,
las gotitas de agua
de la regadera,
caen sobre mis hombros,
juegan con mi pelo
y por todo el cuerpo,
van rueda que rueda,
caen todas a un tiempo
y me hacen gritar:
"¡Ay! Traviesas gotitas
que quieren jugar".

HABÍA UNA VEZ

Había una vez
un barco chiquitito,
había una vez
un barco chiquito
que no sabía, que no sabía,
que no sabía navegar.
Pasaron una, dos, tres,
cuatro, cinco, seis, siete semanas,
y aquel barquito, y aquel barquito
y aquel barquito navegó.
Y si esta historia parece corta,
volveremos, volveremos a empezar.

LAS ABEJAS

Se oyen las abejas
zumbando en el jardín,
yo prefiero una
zumbando para mí.
En una cajita
con gracia la guardé,
pero en su zumbido
esta cosa escuché:
Zu, zu, zu, zu, zu, zum,
zu, zu, zu, zu, zu,
zu, zu, zu, zu, zu, zum,
¡déjenme salir!
Zu, zu, zu, zu, zu, zum,
zu, zu, zu, zu, zu,
zu, zu, zu, zu, zu, zum,
¡ya te puedes ir!

EL GRILLITO SALTARÍN

ANTONIO SALGADO.

Hay un grillito
que canta y salta,
que salta y canta
con buena voz…
Cómo salta,
cómo canta,
debajo de mi balcón…
Hay un grillito
que anda y come,
que come y anda
con su violín…
Cómo anda,
cómo come
la yerbita
del jardín.

LA RATA VIEJA

Una rata vieja
que era planchadora,
por planchar su falda
se quemó la cola.
Se puso pomada,
se amarró un trapito,
y a la pobre rata
le quedó un rabito.

SAN BOROMBÓN

Que salte el conejo,
que baile el ratón,
en la rueda rueda
de san Borombón.
Que el cordero bale,
que ruja el león
y gire la rueda
de san Borombón.
El tigre de goma,
la osa de algodón,
salten a la rueda
de san Borombón.
La rana de lata
y el pez de latón,
rueden en la rueda
de san Borombón.
Y en toda la fauna
de goma y latón
del lobo al cordero,
del gato al ratón,
del pez a la rana,
del tigre al león,
rueden en la rueda
de san Borombón.

A MI BURRO

A mi burro, a mi burro
le duele la cabeza.
El médico le ha dado
jarabe de frambuesas
y gotas de limón.
A mi burro, a mi burro
le duele la garganta.
El médico le ha puesto
una corbata blanca
y gotas de limón.

LA LUNA Y EL SOL

La luna es muy pequeña
y el sol es muy mayor;
la luna tiene frío
y el sol le da calor.
La luna es muy pequeña
y el sol es muy mayor
a saltar, a saltar,
con la luna y con el sol.
(Se canta dos veces.)

LAS CAMPANAS

MANUEL LEÓN MARISCAL.

A la torre me subí,
do, re, mi, do, re, mi.
Por un largo caracol,
mi, re, do, mi, re, do.
Y en ella descubrí,
do, re, mi, do, re, mi.
Las campanas del reloj,
mi, re, do, mi, re, do.

SALUDO DIGITAL I

Buen día, buen día,
querido pulgar.
Buen día, tú que sabes
al sol señalar.
Contento responde
el dedo mayor.
Buen día, anular,
le dice el menor.
Buen día, buen día,
querido pulgar.
Buen día, tú que sabes
al sol señalar.
Contento responde
el dedo mayor.
Buen día, anular,
le dice el menor.

EN LA MAÑANITA

En la mañanita cuando sale el sol
estoy muy contento pues voy al salón.
Hola, compañeros, buenos días les doy,
hola, mi maestra, qué feliz estoy.

JUAN, PACO, PEDRO

Juan, Paco, Pedro de la Mar,
es mi nombre isí, señor!
Y cuando yo me voy,
me dicen al pasar,
Juan Paco Pedro de la Mar.
La, la, la, la, la, la.

MIS MANOS

Mis manos parecen un negro carbón,
un lindo vestido tendrán de jabón;
con un jaboncito me las fui a lavar,
ahora están listas para trabajar,
ahora están listas para trabajar.

LAS TIJERITAS

Con estas tijeras,
mamá me va a cortar,
mis largas uñitas,
para no enfermar,
cric, crac, cric, crac,
cric, crac, cric, crac.
(Dos veces.)

EL RANCHO

Vengan a ver mi rancho que es hermoso.
(Dos veces.)
El pollito hace así: pio, pio.
(Dos veces.)
Upa rara, upa rara, upa, upa, upa.
(Dos veces.)
Vengan a ver mi rancho que es hermoso.
(Dos veces.)
El perrito hace así: guau, guau.
(Dos veces.)

Upa rara, upa rara, upa, upa, upa.
(Dos veces.)
Vengan a ver mi rancho que es hermoso.
(Dos veces.)
El gatito hace así: miau, miau.
(Dos veces.)
Upa rara, upa rara, upa, upa, upa.
(Dos veces.)

LOS CABALLITOS

De esos caballos que vienen y van,
ninguno me gusta como el alazán,
hágase pa'ca, hágase pa'llá
que mi caballito lo atropellará.

EL TRENECITO

ANTONIO SALGADO.

Corre, corre, trenecito,
corre, corre, sin cesar,
que en la casa mi mamita
ya nos quiere ver llegar.
Adiós, amigos míos,
muy pronto volveré,
me espera mi mamita
y yo la quiero ver.
Adiós, amigos míos,
muy pronto volveré,
me espera mi mamita
y yo la quiero ver.

LA MARCHA DE LAS LETRAS

FRANCISCO GABILONDO SOLER.

Que dejen toditos los libros abiertos,
ha sido la orden que dio el general,
que todos los niños estén muy atentos,
las cinco vocales van a desfilar:
Primero verás que pasa la *A*,
con sus dos patitas
muy abiertas al marchar.
Ahí viene la *E* alzando los pies,
el palo de en medio
es más chico como ves.
Aquí está la *I*,
le sigue la *O*,
una es flaca y otra gorda
porque ya comió,
y luego hasta atrás llegó la *U*,
como la cuerda con que siempre saltas tú.

AL FRENTE LA CABEZA

Al frente la cabeza,
arriba la cabeza,
agito la cabeza
y doy la vuelta entera.
Al frente la mano derecha,
arriba la mano derecha,
agito la mano derecha
y doy la vuelta entera.
Al frente la mano izquierda,
arriba la mano izquierda,
agito la mano izquierda
y doy la vuelta entera.
Al frente el pie derecho,
arriba el pie derecho,
agito el pie derecho
y doy la vuelta entera.
Al frente el pie izquierdo,
arriba el pie izquierdo,
agito el pie izquierdo,
y doy la vuelta entera.
Al frente la cabeza,
arriba la cabeza,
agito la cabeza
y doy la vuelta entera.

MUY BUENOS DÍAS A TODOS

Se canta de acuerdo al día de la semana y a la estación.

Muy buenos días a todos,
el sol dice al salir,
muy buenos días queridos,
niñitos del salón,
muy buenos días nos dicen
todas las cosas hoy.
Es *jueves* este día,
otoño la estación.
La la la la la la la
la la la la la la.

QUE BONITO DÍA

Se cambia por cualquier otra actividad.

Qué bonito día nos tocó
ahora que venimos a *estudiar*
no hace frío, no hace calor,
reina la alegría y el buen humor,
ja, ja, ja qué risa me da,
este pasito tan chiquitito,
yo quiero otro más grandecito.
¿Están cansados? ¡No, no!
¿Están contentos? ¡Sí, sí!
Entonces volveremos a empezar…

SALUDO DIGITAL II

—El pulgar, el pulgar. ¿Dónde estás?

—Aquí estoy.

—Gusto en saludarte, gusto en saludarte.

—Ya me voy, ya me voy.

—Dedo índice, dedo índice. ¿Dónde estás?

—Aquí estoy.

—Gusto en saludarte, gusto en saludarte.

—Ya me voy, ya me voy.

—El cordial, el cordial. ¿Dónde estás?

—Aquí estoy.

—Gusto en saludarte, gusto en saludarte.

—Ya me voy, ya me voy.

—Anular, anular. ¿Dónde estás?

—Aquí estoy.

—Gusto en saludarte, gusto en saludarte.

—Ya me voy, ya me voy.

—El meñique, el meñique. ¿Dónde estás?

—Aquí estoy.

—Gusto en saludarte, gusto en saludarte.

—Ya me voy, ya me voy.

(Los cuatro últimos versos se repiten.)

ME TOCO LA CARA

J. L. CONDE CAVEDA Y V. VICIANA GARÓFANO.

Me toco la cara, me toco los pies,
me pongo en cuclillas y vuelvo a crecer.
Me cepillo el pelo, los dientes también,
me limpio la oreja, me siento a leer.
Me froto los brazos, las piernas también,
me miro las uñas, ya aplaudo al revés.
Me siento en el suelo, me arrodillo bien,
me tumbo de lado y así quedaré.

MUY TEMPRANO

Me levanto muy temprano
y saludo a mi mamá,
al baño presuroso,
mi cuerpo voy a asear,
y después del desayuno,
me recuerda mi mamá,
que cepillo, pasta y agua
tres veces debo usar.

LOS ZAPATITOS

Bien cepillados, dados de grasa,
mis zapatitos cubren mis pies,
tras, tras, tras, camino para atrás,
tras, tras, tras, camino más y más.
Bailo con ellos, cubren mis pies,
diario los cepillo, como tú lo ves,
zum, zum, zum, qué limpios están,
zum, zum, zum, brillan más y más.

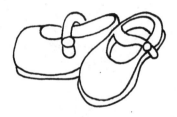

EL AIRE QUE RESPIRO

J. L. CONDE CAVEDA Y V. VICIANA GARÓFANO.

Si quieres que el aire te cure al pasar,
esta cancioncilla debes escuchar.
El aire que limpia nuestra gran ciudad,
es el mismo aire que respirarás.
Para que a tu cuerpo dé vitalidad,
primero se expulsa y más puro entrará.
Para que este aire te ayude a crecer,
dos o tres cosillas debes aprender.
Si quieres que el aire te limpie muy bien,
nunca por la boca lo debes coger.
Sonríe a menudo y abre tu nariz,
que ése es el sitio por donde ha de ir.
Si quieres que el aire te limpie al pasar,
estas advertencias debes apuntar.
Por fin una cosa te queda saber,
infla tu barriga al irlo a coger.

LAS NOTAS MUSICALES

Do empieza la lección,
re pitiendo esta canción,
mi ra siempre la intención,
fa cil, fácil es cantar,
sol el que nos da calor,
la la que le sigue al sol,
si es la contraria al do,
y volvemos a empezar.
Do, re, mi, fa, sol, la, si, do,
do, si, la, sol, fa, mi, re, donde
empieza la lección.

MARINERO

**Se canta seis veces, saludando como marinero,
palmeando el pecho con las manos cruzadas,
y palmeando las piernas.**

Marinero que se fue a la mar, mar, mar,
para ver lo qué podía ver, ver, ver;
y lo único que pudo ver, ver, ver,
fue el fondo de la mar, mar, mar.

LA TÍA MÓNICA

Tenemos una tía, la tía Mónica
que cuando va al mercado
me dice: ¡oh, la, la!
Así mueve la cabeza,
la cabeza mueve así, así mueve la cabeza,
así, así, así.
Tenemos una tía, la tía Mónica
que cuando va al mercado
me dice: ¡oh, la, la!
Así mueve los hombros,
los hombros mueve así, así mueve los hombros,
así, así, así.
Tenemos una tía, la tía Mónica
que cuando va al mercado
me dice: ¡oh, la, la!
Así mueve la cadera,
la cadera mueve así, así mueve la cadera,
así, así, así.
Tenemos una tía, la tía Mónica
que cuando va al mercado
me dice: ¡oh, la, la!
Así mueve los pies,
los pies mueve así, así mueve los pies,
así, así, así.
Tenemos una tía, la tía Mónica
que cuando va al mercado
me dice: ¡oh, la, la!
Así mueve la cabeza,
la cabeza mueve así, así mueve la cabeza,
así, así, así.

LA MAR ESTABA SERENA

La mar estaba serena,
serena estaba la mar.

La mar astaba sarana,
sarana astaba la mar.

Le mer estebe serene,
serene estebe le mer.

Li mir istibi sirini,
sirini istibi li mir.

Lo mor ostobo sorono,
sorono ostobo lo mor.

Lu mur ustubu surunu,
surunu ustubu lu mur.
(Cada estrofa se canta dos veces.)

HAY UN HOYO EN EL FONDO DE LA MAR

Hay un hoyo en el fondo de la mar.
(Se canta dos veces.)
Hay un hoyo, hay un hoyo, hay un hoyo
en el fondo de la mar.
Hay una piedra en el hoyo, en el fondo de la mar.
(Se canta dos veces.)
Hay una piedra, hay una piedra, hay una piedra
en el hoyo en el fondo de la mar.
Hay una rana en la piedra, en el hoyo, en el
fondo de la mar.
(Se canta dos veces.)
Hay una rana, hay una rana, hay una rana en
la piedra, en el hoyo, en el fondo de la mar.
Hay un mosco en la rana, en la piedra,
en el hoyo, en el fondo de la mar.
(Se canta dos veces.)
Hay un mosco, hay un mosco, hay un mosco
en la rana, en la piedra, en el hoyo,
en el fondo de la mar.
Hay un palo, en el mosco, en la rana, en la
piedra, en el hoyo, en el fondo de la mar.
(Se canta dos veces.)
Hay un palo, hay un palo, hay un palo
en el mosco, en la rana, en la piedra, en el
hoyo, en el fondo de la mar.

BIBLIOGRAFÍA

Barrera Santos Roberto, Rodolfo González Astudillo *et al, Antología de cantos didácticos*, México, Consejo Técnico Consultivo de la Zona 03, Sector 02, Región Centro de Tuxtla, Guerrero, 2005.

Conde, Caveda José Luis, Virginia Viciana Garófano *et al, Metodología para el desarrollo de las habilidades motrices en educación infantil y primaria a través de la música. Las canciones motrices II*, 2a. ed., España, INDE. 2000.

Fernández, Wilfredo, Jorge Frogoni (comp.), *Canciones tradicionales infantiles. Patrimonio de niños y adultos*. Nueva Palmira, 2004.

Glûmer, Berta Von, *A la luz de mi lámpara. Rimas y juegos para la escuela primaria*. México, Unión, 1959.

Instituto Nacional de Bellas Artes, *Alrededor de la música. Guía del programa radiofónico de educación musical para los alumnos de las escuelas primarias*, México, SEP, 1974.

Jáuregui, A. L., *Petalitos rimas,* México, Avante, 2001.

_____, *Petalitos rimas,* México, Avante, 2005.

_____, *Rimas gallito de plata.* Avante, México, 2003.

Salgado, Antonio, *Nuevas canciones infantiles,* México, Selector, 1993.

Santos, Juan (comp.), *A la víbora de la mar. Letra y música de Rondas infantiles,* México, Selector, 1999.

SEP, *Rondas, rimas y canciones infantiles,* Programa integrado, Pimer año, México, SEP, 1981.

SEP, *Canciones infantiles, interpretación y manejo del programa integrado. Conceptos básicos,* México, SEP, 1981.

Mendoza, Vicente, *Lírica infantil de México. Letras mexicanas,* México, Fondo de Cultura Económica, 1998.

Adivinanzas, rondas y canciones infantiles. México, Época, 2002, [s. a.]

A la rueda, rueda. Leer, cantar y jugar, No. 4, Barcelona, La Galera, [s. a.]

Índice

Editores Impresores
Fernandez S.A. de C.V.
Retorno 7D Sur 20 # 23
Col. Agricola Oriental